Lori
Lora
Bello
Hoppel

Deutsch von Susanne Härtel

Englische Originalausgabe *Jack – The Dog* erschienen bei
Walker Books Ltd., London, 1984

Satz: Schwanke + Holzmann, München
Printed and bound by L.E.G.O., Vicenza, Italy
ISBN 3.7735.5225.4

BELLO

DER HUND

Text von David Lloyd
Illustrationen von Barbara Firth

Delphin Verlag

„Komm, Bello, heute fahren wir in Richtung Westen“, sagte der alte Pit. „Ich möchte, daß du dort jemanden kennenlernst!“
Sie waren die allerbesten Freunde, der alte Mann und sein Hund.
Pit war schon immer alt gewesen, jedenfalls solange Bello sich erinnern konnte.
Von ihm hatte Bello alles gelernt.
„Auf geht's“, sagte Pit, „immer der holprigen Straße nach.“

„Es ist nicht weit“, sagte Pit, „nur einen Tag und eine Nacht entfernt.“
Am Tag fuhr Bello manchmal im Anhänger, manchmal rannte er neben Pit her.
In der Nacht schliefen sie im Freien.
„Es gibt nichts Großartigeres als das Sternenhotel“, meinte Pit.
Sein ganzes Leben lang war Bello so auf Reisen gewesen, etwas anderes konnte er sich gar nicht vorstellen.

Als sie am nächsten Tag Halt machten, war erst einmal alles so wie immer.
Sie machten sich für die Aufführung fertig.
„Wuff, wauwau, wuh – wessen Hund bist denn du?“ rief Pit laut, als die ersten Kinder herankamen.

Bello hielt Pit als Antwort seine Pfote hin und bellte zur Begrüßung.
Aber das war erst der Anfang.
Bello machte einen Riesensprung über Pits Kopf hinweg und zeigte dann seine besten Tricks.
Bello war der klügste Hund auf der ganzen Welt.

Aber nach der Aufführung war auf einmal alles ganz anders.
Zwar sammelte Pit wie immer das Geld ein, und er packte auch den Anhänger wie immer, aber dann beugte er sich zu Bello hinunter, strich ihm zärtlich über das Fell und sagte: „Ich muß jetzt alleine weiter, Bello. Ich bin alt, und meine Reise ist fast zu Ende. Nichts bleibt ewig, Bello, mein Lieber. Sei ein guter Hund, versuch es zu verstehen."
Allmählich verstand Bello, daß Pit Lebewohl sagte.

Sie gingen zu einem Haus. Ein fremder Mann begrüßte sie.
„Bello, das ist dein neues Herrchen. Hier wirst du nun wohnen. Herr Baldur wird gut zu dir sein."
Dann mußte Pit gehen.
„Sitz, Bello", sagte er, „guter Hund."
Bello blieb also sitzen, denn er hatte gelernt, diesem Befehl zu gehorchen.
Und Pit ging weg.

Es gibt Menschen, die sind wirklich freundlich, und andere tun nur so, weil sie etwas Bestimmtes haben wollen.
Herr Baldur hatte Bello nur aufgenommen, weil er einen Hund haben wollte, der Tricks vorführen konnte.
Aber nachdem Pit weggegangen war, führte Bello keine Tricks mehr vor.
Er sehnte sich nach der holprigen Straße und nach dem Sternenhotel. Er sehnte sich nach Pit.
„Pfötchen", sagte Herr Baldur, „gib Pfötchen." Aber Bello ließ nur traurig den Kopf hängen.
„Dummer Köter", sagte Herr Baldur.
Er baute eine Hundehütte für den Hof, und dort wurde Bello dann angebunden.

Herr Baldur brachte ihm sein Fressen, aber nicht jeden Tag.
„So ein dummer Köter", meinte er und gab Bello einen Fußtritt.
Bello lag immer nur vor seiner Hütte und wartete.

Wer schaute da über die Mauer?
Wer kletterte herüber in den Hof?
Das war Lotte von nebenan.
Sie kannte Bello, sie hatte ihn schon zusammen mit Pit gesehen. Sie wollte, daß er wieder so glücklich wäre wie damals.
„Kannst du nicht weglaufen?“ flüsterte sie.
„Kannst du dein Seil nicht durchbeißen? Warte, ich helfe dir. Aber sei ganz still, damit uns Herr Baldur nicht hört.“

Bello machte einen Luftsprung.
Er sprang so hoch wie früher bei Pit. Er sprang beinahe in Lottas Arme.
Aber er bellte kein einziges Mal.

Lotta konnte den Knoten am Seil nicht lösen, und sie hatte auch kein Messer.
Deshalb rieb sie das Seil so lange an der Kante von einem Stein, bis es ganz dünn wurde.
Dann zogen sie und Bello gemeinsam daran, bis es endlich zerriß.

Lotta purzelte nach hinten.
KNALL! BUMM!
Sie hatte einen Eimer und den Spaten umgerissen.
„Schnell, Bello, lauf!"
Lotta sprang auf und kletterte blitzschnell
über die Mauer zurück.

Schon kam Herr Baldur angerannt.
„Komm her, du dummer Köter!“ rief er, aber Bello kam natürlich nicht.
„Ich krieg dich schon, und dann kannst du was erleben!“

Nun gab es eine wilde Jagd, und Bello benutzte alle seine Tricks. Er rannte im Kreis um Herrn Baldur herum, bis der nicht mehr wußte, wo vorne und hinten war.

Bello sprang noch
einmal in die Luft, nur
so zum Spaß.
Dann rannte er zu der
Lücke im Zaun –
und schon sauste er auf
der holprigen Straße
auf und davon.
Lotta winkte ihm nach.

Bello rannte und rannte, von morgens bis abends, tagelang.
Er schlief wieder im Sternenhotel, und er war glücklich.
Er dachte oft an Pit. Und er fühlte, daß Pit immer noch irgendwie bei ihm war.

Eines Tages rannte Bello nicht mehr weiter.
Er wußte nicht, wohin.
Es war Abend.
Die Sterne begannen zu funkeln.
Eine Maus und ein Kaninchen saßen
nebeneinander am Wegesrand.

Sie schauten Bello an.
„Wohin gehst du?“ fragte das Langohr.
„Können wir mitkommen?“ fragte die Maus.
„Bitte“, sagte das Kaninchen.
„Wir haben Angst vor der Nacht“, sagte die Maus.
Das waren Hoppel und Mini.

Und plötzlich wußte Bello, wohin er gehen wollte.
Einfach weiter in die große, weite Welt, zusammen mit Hoppel und Mini.
„Ihr braucht vor der Nacht keine Angst zu haben“, sagte er. „Ich kenne das großartigste Sternenhotel der Welt!“

Die drei haben noch mehr Freunde gefunden.
Nun sind es sieben Tiere, die miteinander durch die Welt ziehen.
Jedes von ihnen hat ein Abenteuer erlebt.
Aber jetzt ist keines mehr allein, sie sind alle Freunde geworden.
Heute abend sitzen sie oben auf einem Hügel, und Bello erzählt seine Geschichte.

„Es war einmal ein alter, runzeliger Mann mit Namen Pit“, beginnt er.
Und die Geschichte, die Bello jetzt erzählt, ist die Geschichte, die du inzwischen schon kennst.

Tobi Kunigunde Mini